들개와 솔개

이 도서의 국립중앙도서관 출판시도서목록(CIP)은 e-CIP 홈페이지
(http://www.nl.go.kr/cip.php)에서 이용하실 수 있습니다.
(CIP 제어번호 : CIP2012005778)

화남의 시집 040
들개와 솔개

2012년 12월 5일 초판 1쇄 찍음
2012년 12월 10일 초판 1쇄 펴냄

지은이 | 박호민
펴낸이 | 방남수
편집주간 | 이승철
편집 · 디자인 | 권영임 오경은 현정 백서윤

등록 | 제2-1831호(1994. 9. 26.)
주소 | (110-320) 서울 종로구 낙원동 58-1 종로오피스텔 513호
전화 | (02)3142-4787 팩스 | (02)3142-4784
전자우편 | hwanambang@hanmail.net

ISBN 978-89-6203-102-7 03810

값 9,000원

들개와 솔개

박 호 민 시 집

화 남 의
시 집
0 4 0

화남

■

시인의 말

일생을
가슴 한 쪽 비워두는 일
슬픔이라네
아니, 기쁨이라네

그러나
빗소리 다하면
가야지

수없는 봄이 지나갔다. 이제야 지난 내 궤적들을 한 권에 묶어본다. 돌아보면 삶은 슬픔의 바다였다. 그 슬픔은 그리움으로, 때론 한잔 술의 분노로, 혹은 아무도 없는 들판 그 허수아비의 외로움으로 새겨졌던 모양이다. 그렇게 들개처럼 살아왔다. 그러나 내 눈은 언제나 솔개를 닮고 싶었다. 저 어둔 벌판을 두 동강이 치는 벼락 같은 꿈 하나 이루고 싶었다. 다시 흘러가야겠다. 내 몫의 아픔, 내 몫의 슬픔으로.

2012년 초겨울, 팔영산 기슭에서
박호민

【차 례】

제1부 산밭

제2부 개망초

제3부 겨울 노래

제4부 작은 마을에서

제1부
산밭

빨래집게

옆집 할매네 마당가 빨랫줄
붉은 집게 두엇이 버선발 하나를 물고 있다.

그래 겨울에는 일감도 없지

하, 작은 밥줄에 매어달린
저 잇몸 시린 입술들.

손

어머니 잠드실 때
몰래 잡아본 손
따스했네

외로운 길 걷다가 그리워
돌아다보면
어머니 흔들던 손
늘 거기 있었네

그래, 가야지
정직하게 내가 걸어야 할 길

언젠가 기쁜 눈물로 서서
우러러 두 손 가득 받는 햇살은
그 새벽 당신의 따스함일 거네

그렇네, 우리 산다는 것은
사랑한다는 것은
아낌없이 손을 흔드는 것이었네.

연鳶

볏짚더미 캄캄한 그늘 밑으로
가없는 마음 하나 길을 가누나
서걱이는 참대숲을 지나 싸리울 외딴집
밭둑에서 홀로 연을 날리는 아이야
고맙다, 내게 보내준 흠 없고 생생한 그 눈빛.
이 세상 따스한 것들 다 숨어버린 뒤
오래 앓은 이마
빈손을 털며 돌아가는 이들아
이제 저 바람 속 흔들리는 연처럼
싸늘한 허공을 온몸으로 휘적이다가
끊어져 쓰린 세월의 가지 끝에 목을 맬거나
아서라 진정 남은 것은 그 무엇이더냐.
시린 바람 속에 홀로 선 아이야
내 마지막 뜨거움을 주고픈 아이야
적막한 겨울강에 별빛으로 흘러도
네 손끝에 전해지는 팽팽한 떨림
우리 타고난 탯줄에 묻어나는
그 선연한 핏자국,
끝끝내 버릴 수 없는 피를 보아라.

눈 1

함께 맞는 이가 있었으면
새들이 쫑쫑거리며 떠나가는 하늘가로
함께 날아오를 이들이 있었으면
지금 이렇게 어두운 하늘
날리는 눈발 속에서 손 붙들고
흐르다가 뺨에 얼어붙는 마지막의 힘
한 방울 눈물만으로도 함께
서 있을 이가 있었으면
끝없이 바람에 내몰리고
천지사방으로 흩어져 아플지라도
끝내 지천으로 내려와 마른 땅을 덮고
몸 눕혀 스스로 빛나는 마음
우리 흠 없는 속살 같은 한 줄기
뜨거운 숨결 남아 있었으면.

눈 2

눈이 내린다.
눈은 내려도 언제나
미리 땅과 눈 맞추는 법을 모른다.
머물 곳은 어디,
걱정하지 않고
다만 내리는 것으로 그의 자유를 이룬다.
그리하여 한동안
조용히 땅을 껴안고 울다가
때가 오면
그가 사랑했던 것들
가장 은밀한 마음 하나 남겨두고 간다.
깨끗한,
깨끗한 희망 하나 심어주고 간다.

산밭

내일이면 갈게요.
누군가 보채는 소리 들었겠지만
봄눈 희뜩이는 산등성이 밑
아직은 마른 살빛으로 함께 누워
잠시만 두 눈을 꿈벅이다 가렵니다
꽃샘바람에 엉거주춤 곱사춤을 추고 있는
여윈 산도화 가지 위에도
이슥고 싱싱한 햇살 가득 내리는 것을 보고
맑고 은은한 그 새소리 기다려
어떤 모르는 침묵에도 귀를 적시고 싶네요
어지럽고 철없던 시절 다 지나가고
남은 눈썹도 이제 꿈처럼 흐려졌으니
멀리 들을 건너오는 아련한 풍물소리에
땅벌레 몇 놈 꿈틀대며 기어 나오는 날
갈게요, 숨죽였던 세월일랑 그들에게 맡기고
저기 누군가의 돌무덤을 지나
아지랑이 훌훌 살아나는 두엄더미 곁
오래 지켜온 내 눈물 한 방울만 흙빛으로 심어 두고

갈게요, 내일이면 갈게요.

북한강에서

낮은 목소리로
그리운 사람을 불러보는 시간
새벽, 안개 젖은 수면 위로 추억이 흐른다.
그대가 완성한 하나의 노래
그 밖은 온통 쓸쓸하였지만
문득 비오는 거리에서 강울음 소릴 들었다.
이제 찾아와 서성이며
지나간 꿈들과
오래 남은 이야기들을 강물에 띄운다.
슬픔 같은 것, 분노 같은 것
한 줌 부끄러움도 다 흘러 보내고
이 땅에 다시 가슴을 묻고
사람이 되어 사람처럼 살아가야 한다.
길 끊어진 상류 쪽의 아스라한 불빛
어둔 갈숲에 버려져 뒹구는 거룻배 한 척도
다만 찰랑거리며 흘러가는
저 새벽강의 소관일 뿐
우리는 흘러가 사람처럼 살아 부대껴야 한다.

스산한 새벽,
오한에 떠는 풀잎들의 슬픔과
어린 물푸레나무들이 내미는 우유빛 손의 불안도
그 손 잡아주는 남은 세월처럼
기꺼이 데불고
햇살 부신 가을 강물로 넉넉히 흘러야 한다.

민들레

애태워서 피어나진 말아라
외진 곳에 내려앉아
아무도 몰래 피었다 지면 그뿐
바랄 무엇 있어, 또다시
온 밤을 숨죽여 노래하는가
착각하지 말아라
바람 앞에 흔들리지 않는 풀잎, 보았는가
우리 타고난 가난이나 슬픔으로
세상이 환장하게 아름다와도
채 익지도 않은 술 권하지 말고
질긴 그리움이나 노랗게 달아두었다가
어느 날, 맛있게 술 익는 냄새 나거든
손도 흔들지 말고 가벼운 풀씨가 되어
먼 바람길로 다시 따라나서라.

은행나무를 보며

십여 그루의 나무 중
딱 한 녀석만 방울방울 열매를 맺었다.
하지만 어찌 저 홀로 그럴 수 있었겠는가
지난 여름의 찌는 햇살과 비바람,
누군가의 무정란 같은 세월도
얼마쯤은 스며있으리라
흔들리는 일이 더는 부끄러움이 아닐 때
홀로 서 있어도 이미 혼자일 수는 없는데
내 안에서 두런거리는 것들과
내 밖에서 손 흔들며 달려오는 것들이
날마다 무언의 약속을 이루는 것이다.
오늘, 겨우 남은 불알 두 쪽
그것만으로도 네 목숨은 얼마나 생생하냐.

점심點心

눈발 그친 겨울저녁에
불빛 한 점 찾아 갔단다
고독한 들길은
변함없이, 새로운 길도 아니었건만
눈 쌓인 언덕배기 달빛은 부서지고
비탈에 선 버드나무가지들의 황홀한 춤
그렇게 쉼 없이 펄럭이는 것들을
바람 속에서 오래도록 지켜보았지
갈까마귀떼 꺽꺽 울다 낮게 떠나가고
그 철부지, 철부지의 울음도 그친 뒤엔
논바닥 한기寒氣를 뚫고
갑자기 어떤 하나의 군센 믿음이 타 올랐단다
정녕 무엇이었을까,
우리가 끝내 알지 못한다 해도
오늘은 꿈속에서 걸어 나온 네가 즐거웠지
마음에 점 하나 찍은
이 겨울저녁의 분명한 사건.

들길에서

— 박종권 형을 그리며

빈 손 가득히 움켜쥔
햇살,
한 줌의 햇살

그대의 힘찬 북소리
그 마지막 떨림
나를 흔들고

그래도 다시 또,
가야할 길 위에
부는 바람

거친 들길에서 오직 떨며
움켜쥔 두 손
그리운, 그 살의 뜨거움.

새의 귀환

욕망으로 오르는 자에겐 힘이 없다
그것은 끝내 낮은 곳으로 깃든다

의지, 꿈, 폭포, 반란의 피 묻은 날개
그러나 새는 날아오르는 것이 아니다

저 컴컴한 하늘 우물 속으로, 까마득히
떨어져 가는 새여, 물이여

마침내 돌아가는구나
네가 왔던 곳, 그 낮은 자궁 속으로

겨울 파밭에서

홀로 사는 원동 할매 텃밭 가에 앉아
조용히 햇살 쪼여보네
곡절 없는 세월이 어디 있다던가
변함없이 산천을 어르다 가는 바람
아픈 것들도, 이젠 아득히 빛이 바래서
다만 마른 풀대로 침묵하며 흐르고 있는지
두고 온 눈망울이야
건드리면 툭, 꺼질 듯
언제나 우리네 새벽잠을 깨우고 가겠지만
마음에, 어찌 멀고 가까운 거리가 있을 건가
이 겨울, 저 조선파 같이 푸르고 싱싱한
그 마음 한 자락 키우며 갈 수 있다면.

광주

멀리 있을 때야 너를 부른다.
그 세월을
너무도 못살게 하더니 찢어놓더니
진저리치고 떠나온 후에는
싫다, 안 간다, 이 악물었더니
왜 몰랐을까
시집살이 외롭고 서러운 줄을.
소박맞고 병이 깊어서야 나는 철이 들고
기어이 내쫓겨 떠돌던 나날, 다가가
먼발치에서 보면
가난해도 네 이마는 떳떳하여 고맙고
내 형제들 가슴은 언제나 뜨거워
겨울에도 온 거리가 땀냄새로 싱싱하였더니
쑥국새 자지러지던 그 늦은 봄날
조선 딸기가 채 익기도 전에
네 발등을 찍던 도끼, 무쇠 도끼여
무엇이드냐, 무엇이드냐
토막토막 끊어진 창자 미친 가슴으로 갔지만

너는 이미 모든 문을 닫고 돌아서버렸으니
퀭한 눈빛만 더욱 깊어져 번득이고 있으니
이젠 아무도 너를 가까이서 부르지 못한다.
불러서 어쩌고저쩌고 위로하지 못한다.
이 땅 모든 것이 네 이름이 아니거든
네 눈빛 무등無等을 정녕 깨치지 못했거든.

불귀不歸

결국 나는 시간 속에 있었다
밤마다 내 뜰에는 조무래기들이 찾아와
소름끼치도록 밥그릇 긁는 소리를 내고
달이 기울면 또 숟가락 하나 던져주고 달아났다
어쩐 일인지
나는 자꾸만 문지방에 걸려 넘어지고
믿었던 북두성北斗星도 방향 없이 흘러갔다
잡초 무성한 뒷뜰의 텃밭 고랑으로
하얗게 서리 내리는 새벽
가야지, 가야지 해도
불귀, 불귀라고 검은 새들이 와서 웃어댔다
묶여버린 아침은 끝내 오지 않았고
무너진 담장 위엔
내가 버린 아이 하나가
시커멓게, 얼굴도 없이 울고 있었다

들개 1

다시 벌판으로 가야겠다
잿빛 새들의 쉰 울음만 붙박인 하늘 끝
정정한 그 숨결 끊어졌다 하여도
남은 발바닥으로 처음처럼 울부짖으며 가야겠다
저 인간의 거리엔 얼마나 많은 꽃들이 피었다 졌던가
목을 빼도 이제 새벽별은 뜨지 않으리라
다만 오랜 갈증만 핏줄 속에 살아서
얼어붙은 한 점 불씨를 되살리겠다
그러므로 결코 나를 길들이려 하지 말라
불 맞은 짐승처럼 절룩일지라도
원시原始의 풀잎들이 몸을 푸는 곳으로
쉼 없는 바람의 노래 들으러 가야겠다
빛바랜 풀숲더미를 휘적이면서
거칠고 무딘 발자국을 홀로 찍으면서

들개 2

눈발 날리는 어둔 벌판에
너 홀로 엎드렸구나
가슴에 남은 숨결도 얼어붙고
깨어지고 흩어진 거울 속에서
누군가 캄캄한 그늘을 비웃고 있다
어찌하랴, 이젠 그냥 두고 가리라
이 짧은 지상에서
무얼 함께 이룰 수 있겠느냐
저녁 강가에는 노을이 금새 떠나가고
돌아갈 수 없는 시간들만 눈발로 내려 쌓이리라
오직 흘러가는 일만이 사랑이었던가
무상無相의 계단에 이르기 전에
나도 딱 한번만 그 심장을 찔러보고 싶었다
아직도 붉은 피톨이 남아있는지
낯선 마을에서 홀로, 국밥을 사먹으며
짐승의 울음으로 마침내 거부할 때
들개다, 눈물보다 어리석은.

당신의 노래

홀로 해 먹는 밥을 먹다가, 어머니
서툴러요 아직 모든 것이
어디에서도 내 하루는 빛나지 않았지만
그래도, 어김없이 꽃들은 피었다 지더이다
돌아보면 두고 간 당신의 거울 한 쪽
지금도 내 가슴 저 편에서 빛나고
엉뚱한 꿈 버린 지 이미 오래.
캄캄한 바람이 대숲을 흔들고 갈 때는
누가 알겠어요
홀로 앓는 가슴의 숨죽인 노래를.
젊은 강은 흘러서 마침내 바다로 가고
망망한 저 바다 물결 위에는, 이제야
당신의 노래 한 소절도 넉넉히 떠가고 있는지.

봄길에서

하루에도 몇 번씩 그대에게 갑니다.
길가엔 새롭게 돋아나는 연한 풀잎들
그래 이 얼마나 싱싱한 출발입니까
겨우내 움츠렸던 어깨를 펴고
입가엔 미소 한 자락 다시 배우며
오늘도 그댈 향해 걸어갑니다.
죽은 줄 알았던 고목에서 붉은 꽃이 피어나듯
오래 엎드린 이 마음에도 어느덧
힘찬 싹 하나 돋아나
아지랑이보다 황홀하게 타오르고 있는지
망설일 수도, 한눈 팔 수도 없는
나의 길은 비록 거칠고 외롭지만
그대가 보내준 따스한 봄빛 한 줄기에
모든 것은 새로운 얼굴로 거듭 태어나서
하루에도 몇 번 씩 맑은 음성을 듣나 봅니다.
산에는 새소리, 물에는 물소리가 가듯
내 마음에 흘러가는 조용한 숨결 하나로
이 봄, 보잘것없는 나의 노래도

저 눈부신 목련처럼 온전히 벙그러지고
또 온종일 그 그림자 따라 걷게 되나 봅니다.

나의 솔개

너 이놈, 아직도 멀었다
느닷없는 호통소리에 놀라 하늘을 보니
거기, 여전히 솔개 한 마리 날고 있었네
한낮의 숨죽인 정적을 쪼개나가는 눈빛으로
저 천길 허공에서 오직 일직선으로 떨어지던
한 방울 핏소리의 기억.
두려움 없이 길을 열고
어둔 벌판을 두 동강이치듯 날아가던 솔개여
아아, 지금도 내 가슴에 살아있는 떨림이여
저녁 어스름 깔리는 솔밭 사이에서
혹은 흙먼지 날리는 늦은 봄날의
그 비탈길에서
문득, 문득 들었던 너의 음성
아직도 죽지 않고 내 가슴에 살아있었던가
쥐새끼 몇 마리쯤은 단숨에 쓸어버릴 발톱으로
지금 내 심장을 할퀴고 가는 이것은
무엇인가, 어지러운 봄밤의 환영인가
누구도 들을 수 없는 울음으로

누구도 가 닿을 수 없는 슬픈 날개짓으로
내 맘에 내 가슴 저 깊은 곳에
여전히 솔개 한 마리 날고 있었네.

제2부
개망초

콩나물

콩나물 가게에 가보았나,
검은 천의 그늘 아래 서로 키를 재고 있더군

밑에 있는 놈들의 머리 위에
하얗게 뿌리를 내리는 것들

어쩌면 나도 그런지 몰라
아, 우리는 고작 콩나물이었을까

양지에 기대어

뉘우침도 없이 술을 마신다.
어제도 오늘도
바람은 닻이 없구나
너 가거든 다신 오지 말아라
쓰린 위장을 적시는 눈발.
아침이면
또 부질없는 맹세겠지만
양지쪽 헐은 담벽에 기대어
고드름 떨어지는 소리라도 듣고
저 초라한 햇살 한 가닥
빈 가슴에 받아보는, 꿈이다.

메꽃 전설

햇살 찾아간다, 덩굴손
맨살로 마른 땅을 더듬고 더듬다
마침내 한 꽃을 이루면
진딧물, 노린재, 꽃등에도 키우리라

자갈땅에 태어난 것도 비로소 운명이다.

수탉

놈이 홰를 칠 때
왜 애써 퍼덕거리는 줄 아는가

한번만, 한번만
멀리 날아보고 싶은 것이다

지킬 것이 있어
수컷은, 오늘도 땅을 떠나지 못하네

일획

한밤중 불현듯 깨어나니
문풍지를 긁고 가는 바람의 귀성鬼聲
하, 그래서 밤은 언제나 반역이라네
자리끼 들이키고
뜰앞에 나가 오줌발도 갈기고
무심코 하늘을 보니, 억
일획으로 날을 세운 저 시퍼런 그믐달
아무도 몰래 홀로 소금빛을 갈고 있었나
그렇구나,
지상에서 끝내 못 다하는 것이란
사람을 향한 마음 한 자락.

개망초

세월은,
절인 생선 한 토막

돌아가 앉은 밥상머리
망초꽃 같은 그대의 손

깨진 거울 조각이
목구멍을 타고 내려갈 때

쓴 소금국 위로
아프게 흩어지던 꽃잎

새벽길

텅 빈 손바닥을 적시며
찬비 내리고
또 하루가 수수깡처럼 저물었다
알 수 없는 바람의 궤적
이윽고 보이는 것들 다 사라지고, 땅 위엔
누가 흘리고 간 긴 눈물자국
채울 수 없는 그 가슴들 위로
모든 가난한 것들을 데불고
마침내 겨울이 스미겠지만
시린 바람의 새벽
아무도 없는 들길에 서서
아이는 홀로 첫차를 기다린다.

집으로

시골 버스정류장엔 언제나 노인네들 뿐.

버스를 기다리는 동안
몇몇은 쪼그리고 앉아 이른 봄 햇살을 쬐는데
한 세월 시린 무르팍을 누가 알랴
하얗게 바래버린 우리 청춘의 한때를.

이윽고 버스가 오면, 가야지
그리운 손주놈들 초롱한 눈망울
무심한, 차창에나 그려보면서.

갯벌에서

뙤약볕 아래는 이글거리는 소금빛
버려진 청춘의 눈동자 속에
뒹굴고 있는 폐선, 목마른 닻
녹슨 그 혓바닥 위에
헐떡이며, 헐떡이며 꽂히는
방향 잃은 갈매기 한 마리의 비명

다 가고
괴로움만 남겨 두거라

막배

부지런히 걸어온 선창가
막배는 벌써 저만큼 떠나고 있었네
느린 걸음을 탓해야할 거나
해변엔 다만 철썩이는 어둠
너무 애쓰지는 말게
처음부터 놓쳐버린 시간이었으니
저쪽이나 이쪽이나 크게 다를 건 없지
다시 터벅이며 돌아가는 저녁
어두워도 길이야 지워질까
바다 위엔 초승달도 기꺼이 떠서
오랜 물결처럼 또 가뭇거리고 있나니

난타

천현농협 창고 앞 공터에서
시골 아낙들이 난타를 배운다
고무통, 물통, 김장통 모아놓고
두둥둥 두둥당당 저절로 신이 났다
하찮은 것들도 제대로 때려야
비로소 제 소릴 이룬다는 걸
백구야, 너도 알겠더냐

철지난 선거벽보가 바람에 날린다.

흰 고무신

그 절간 요사채 댓돌 위엔
티 없이 깨끗한 고무신 놓여 있더군
어허, 몇 백 년을 밥 얻어먹었으면
이젠 나가서 땔 나무라도 해와야지
때 묻지 않은 신발이 자랑이더냐
여보게, 저 원효의 먹고무신을 좀 봐
온몸으로 뒹굴고 있는
거렁뱅이 피 묻은 짚신도.
도통, 해탈, 천국도 다 좋다만
무엇이,
이승의 따뜻한 밥 한 그릇을 넘어설까

똥개

후미진 농가의 텃밭가에서
묶인 개 한 마리를 만났어
녀석은 짖지도 않고
반갑다고 꼬릴 흔들며 펄쩍펄쩍 뛰더구나
많이도 외로웠나봐
오랫동안 녀석의 머리를 쓰다듬어 주었지
한참을 가다가 뒤돌아 보았을 때
그때까지 발 들어 꼬릴 흔들고 있더군
왠지 눈물이 났어
묶인 그 녀석이, 똥개 같은 우리 세월이
바람은 이리 불고 저리 불어도
살아있는 것들의 이 모든 외로움,
어찌하랴.

꽝꽝나무

바닷가의 꽝꽝나무
꼬마 꽝꽝나무

앉아도 꽝꽝
서도 꽝꽝

칼바람 부는 날이면
우리는 만나 기어이 춤을 추리라

꽝꽝— 꽝꽝—
추운 땅, 시린 발들 서로가 다지며.

자전거

어느 한 쪽으로 쏠리지 않는
무게 중심

그것이다
자전거가 저렇게 굴러가는 것은

그러나 그걸 타는 건
결국 사람이지 않는가

울지 말아라, 나의 누이야
너도 또한 사람일 뿐이었으니

맑은 날

산허리 돌아가는
붉은 철교는
기차 지나는 소리 덩덩

물풀 사이 뜨는 흰구름 속
송사리떼 열 짓는
하루를, 너도 살아라

그 사내

낯붉히고 떠나온
봄날, 작은 항구에서
갈 곳 없이 술만 마시던 사내
품었던 칼끝마저 바다에 던져 넣고
이제는 어느 모퉁길 돌아가
또 한 슬픔이 되어 누워 있는가
수없는 봄이 피었다 지고
다시금 연한 풀빛이 가슴을 치는 날
그 비쩍 마른 몸뚱이,
형형한 눈빛 보고 싶어라

언덕길

바람이 계집의 엉덩이를
흔들고 가는 오후
경운기 한 대 씩씩거리며 올라간다
벌겋게 땟국물이 낀 그놈의 목덜미가
안스러울 때
주인은 혀를 끌끌 차면서
녹슨 팔을 이리저리 비틀어댄다
아무래도 내년에는 갈아치워야겠어,
놀란 그놈은 땀을 뻘뻘 흘리며 용을 쓰는데
바싹 마른 햇살에
팔 벌린 느티나무는 여전히 말이 없고
못난 것들의 하루는 멀기만 하다

제3부
겨울노래

안개비

生의 한 때를 비웃으며
갈증과 외로움 사이에 머무는 비
막막함이란 무엇
희멀건 콩나물 뿌리로 끊어져 나간
언어는, 이미 입술의 탓이 아니다
나무들은 손수건으로 입을 가리고
바람에도 이 단단한 거리는 숨통을 열지 않는데
누군가의 꺼져가는 숨소리, 넋풀이 한판
헐떡이듯
봄은 벌써 저만큼 건너뛰고
끝나지 않은 무대는 갑자기 터무니없는 암전暗轉.
이후, 도처에 끈적이는 비는 살아서
스멀스멀 등줄기를 기어오르고.

나의 슬픔

뒷산엔
진달래 복사꽃이 한창이구나
이 고운 봄날에도 내가
밭둑에 앉아 홀로 우는 것은
정녕, 저 눈부신 꽃빛 때문만은 아니었으리

햇살 반짝이는 물 위에
캄캄하게, 홀로 떠가는 꽃잎

봄의 연가

사랑하는 이여
아직 피어나지 못한 꽃들이 있음을
슬퍼하는 것이 아니랍니다.
부족한 하루의 온기로
철부지들처럼 그만 들길에서 울기도 하고
어디로 가야 할지 짐짓 알면서도
잠시만 헤매이다가 돌아오기도 했지요
그러나 나의 손금은 이미 굳어져
그대의 손 잡아줄 수 없으므로
내 부끄러움이 더욱 자라서
하루가 지도地圖처럼 가난하고
이제 그 기호들이나 겨우 읽을 수 있을 뿐
생생한 그대 숨결을 들을 수도 없답니다.
묶인 가슴 풀지 못하고
붉은 가로등 아래 희미한
내 전생前生이나 들여다보면서 또 조금 슬퍼한 뒤
사랑하는 이여
잠시만 그대 창가를 서성이다가
나도, 이제 저문 서쪽으로 길을 찾으렵니다.

봄꿈

풀빛이 짙어가는 오현리 둠벙가
설핏한 한낮의 꿈속에서
너는 물오른 버들가지로 살랑거렸지
상큼한 그 허리춤을 훔치고도 싶었지만
구름은 또 둥실걸음으로 저만큼 건너가고 있으니
이놈아,
너도 풀어놓은 치마끈일랑 빨리 챙겨 가거라
담배 은박지 속의 소금 한 줌, 찐 계란, 막걸리
이런 살림으로도 이미 햇살 바꿔 먹었으니
논물 소리나 졸졸 따라갔다가
뒤뚱거리는 집오리 두엇 만나거든
다시 돌아가야지
원래 두고 온 것도 두고 갈 것도 없었지만
막 깨어난 저 돌배나무 처녀를 꼬드겨
오늘밤엔 남몰래 두근거리며 입맞춤 한 번 할까
봄은 언제나 글썽이며 피어나는 꿈.

빗소리

봄날, 비린내 뜨는 들길 위에
비는 내려
새떼들 서둘러 길을 떠난 뒤
골안개의 울음소리만 들리었느니
한 줄기 불길을 그으며
떨어져 내려
빈 잔을 채우고 간 그대
이 비 그치면
무엇으로 다시 피어나려는가
어둔 산자락에 얼굴을 묻고
내 그대를 부르면
적막한 손짓으로 나를 맞아들이는 소리
따라가도 따라가도
한없는 빗소리.

삼송리의 봄

하늘빛이 너무 막막하여
시내버스 종점까지 와서 내렸다.
북한산이 벗은 몸을 이끌고 따라와
여기는 그래도 서울이 아니라고 한다.
한적한 오후, 삼송리 창릉천변
논길은 이른 봄 햇살에 잘게 부서지며
울먹줄먹 흙고물을 내어 뱉고
아이들 몇몇 철없이 뛰노는
둑길 너머 꺼칠한 찔레덤불 사이로
무심한 새들이 우르르 왔다 몰려가기도 한다.
겨울의 칙칙한 그림자는
논바닥 썩은 짚더미에 아직 남아 있어도
언덕배기 해진 살을 더듬는 햇살로
들쑥들은 벌써 두런두런 귀를 세우는지
이따금 먼 서울쪽 예비군교장의 총소리에
문득, 문득 숨을 죽이기도 하지만
언제나 변두리로부터 달려오는 봄
이 봄은 누구의 계절로 다시 오는 걸까

겨울끝에 서서
일렁이는 흙가슴 같은 너를 또 맞는다.

봄노래

다시 들을 수 있을까
내 마음길에서 들었던 새들의 노래
얼어붙어 눈만 꿈벅이고 있던
저 순결한 나무들의 노래를.
풀잎들이 키를 재며 햇살을 맞이하는
이 고운 봄날에
텅 빈 하늘처럼 말라버린
내 가슴 밑바닥에도
다시금 맑은 샘물이 솟아날 수 있을까
좀 더 깊어졌으면
차라리 좀 더 외로워졌으면
조용히 이는 봄바람 속에서
떠오르는, 고운 손 하나 잡으며
눈물보다 따스한
한 생으로 나도 저물 수 있을까

매미

땅속의 세월이 어둠은 아니다.
제대로 울지도 못 하는 것, 그것이
너의 어둠이다.
비적거리며 기어오르던 한 생애의 가지 끝
바람은 늘 뜻 없이도 불어가거니
어둠과 밝음의 경계에 무엇이 있었나
천만번을 울어
네 숨통이 죄다 문드러졌을 때
모든 명암은 두근거리며 혼돈으로 돌아가고
마침내, 무엇을 위하여 —
울었던 것 아니다.

초추初秋

갈바람은 벌써 산허리를 치고 있다.
따가운 들녘엔
아이의 눈동자같이 바쁜 잠자리떼
고맙다,
너무 오래도록 표류하였군.
빈자리에 돌아온다는 것
또한 쓸쓸함도
꿈속이 아니어서 맡는 흙냄새 푸르다.
개울 건너 묵정밭엔 콩잎이 타고
하얀 살사리꽃 손들어 하늘을 맞이할 때
가장 원시적으로 몸 풀고 돌아가는 쇠비름풀이여
여름내 빗소리와 더불어 한 소식을 키웠는가
이젠 내가 그 소식을 받겠다.
얄팍한 도회의 입술들은 부서져 바람에 날리고
귀로의 들길
때 묻은 이마에 와 박히는 오랜만의 햇살
고맙다,
너무 긴 시간만을 그리면서 왔군.

그래, 젊은 아내여
이 가을 누군가 그대의 빈손을 물으면
솔가지 흔들고 가는 바람길 너머
길을 찾는
저 철새의 한없는 날갯짓을 보여주어라.

가을 편지

이즈음엔 작은 강마을에 머물고 싶었다.
햇살은, 잠자리 날개에 스며 비로소 투명하고
어떤 바람은 너무 늦게야 도착했다.
지금도 고개 숙여 홀로 걷는 길손아
구절초 꺾인 허리를 두고 더는 슬퍼 말라
살아있음이 꼭 부끄러움만은 아닐 것이므로.
벗어라, 벗어라 알몸의 때가 왔으니
저 수수밭은 처음부터 그렇게 속삭였지만
낙엽 속에서 쥐며느리 몇 놈은 더욱 무정하고
우리는 잠시 때묻은 옷소매를 바라보리라.
익어가는 해바라기 씨앗 한 톨, 숨가쁜 오후
도회의 날쌘 녀석들이
그 묵은 상처를 후벼내어 팔아먹는 동안
땀내 나는 목수건 하나 햇살에 건네주고
차라리 세월 없는 마을로 가고 싶었다.
살아라, 살아라 밤새 서럽던 방울새는 평안한가
뒷숲에서 서걱이던 시누대 야무진 입술
내 사랑했던 모든 이들의 젖은 눈망울

이제 저마다 눈부신 가을 강물소리로 흘러가겠거니
돌아가, 가장 가난한 바람 한 줄기로 서성이며
나도 잠시만 그 곁에 머물고 싶었다.

이 가을의 노래

길을 걷다가
문득 낯설고 후미진 샛길을 따라가
깜짝, 만나는 공터
아하 아직 이런 곳이 남아있었구나
들판과 맞닿은 그 허름한 외딴집 흙담벽에 기대인 채
기우는 오후의 짧은 햇살을 껴안는다.
천천히 말라가는 풀꽃들의 오긋한 대궁이처럼
나도 그만 쪼그리고 앉아 걸어갈 길 바라다보고
담배 한 대 피워 물면
사방은 이내 아득하고 고즈넉하여라
먼 산, 가까운 산 모두 붉게 타오르는 늦가을
살아있는 세월은 이처럼 아름다운데
길동무 없는 사람들의 길 위엔 아직도
바람 속, 푸석한 흙먼지의 어둠.
어느 버려진 뙈밭 가에선
또 쓸모 잃은 허수아비 하나 쓰러지는지
바람 앞세운 일회용의 검은 비닐봉지들이 낄낄거리며
우리네 여윈 어깨를 치고 간다.

가벼운 것은 가벼운 것대로
무거운 것은 무거운 것대로 사라져가는 시간
우리는 다만 저무는 노을을 바라볼 수 있을 뿐인데
이 가을은 참 끈끈했다고
그래도 얼마쯤은 넉넉했다고
속삭이듯 말하고 곁길로 빠지는 건듯바람.
이울고 남은 햇살마저 떠나고 난 뒤
사방엔 말라가는 풀꽃들의 향기만 가득하고
오리나무 숲에서 깃을 치는 동박새 울음
사랑한다, 사랑한다, 사랑한다고
내 서늘한 가슴을 세차게 두드리고 흩어져 가는데
아아, 살아남은 세월은 그래도 아름다웠다고
쓸쓸한 것만은 아니었다고
저녁 하늘로 상큼한 별 하나 천천히
천천히 떠오르며
모든 사랑의 처음처럼 빛나고 있다.

가을의 인연

가을비 내리는 밤에는
떠나간 이들을 생각한다.
말 없어도 좋았던 이들 다 떠나고
이젠, 모두가 말로써 말을 이룬다.
내 생의 얼룩진 무늬
뼈아픈 충동, 어린아이의 마음
뒤죽박죽 섞여서 찬비 내린다.
이런 저녁에는 질퍽이며 홀로 들에 나가 보아라
텅 빈 들에는 촘촘히 박혀 있는 저 인연의 그림자
아직도 떠도는 풍경들.
한 시절은 그렇게 사람 속에 고스란히 있고
집 나간 황구黃狗는 때가 돼서야 돌아온다.
고맙다, 그러나 돌아오는 것들은 있어도
이미 가버린 것들은 들녘 끝에서 멀다.
빗소리, 흔적 없는 빗소리
이 처연한 운명을 더는 나에게 묻지 마라
두고간 정情, 숟가락, 때 묻은 책들, 섞이지 않은 피
그런 것들이 내가 가진 전부이고

뿌옇게 길이 보이지 않을 때 술을 마신다.
다음날, 비 맑게 갠 어느 햇살 아래 깨어나
끊어진 그 노래 다시 이을 수 있다 하여도.

허수아비

서리 앉은 밭둑에서
드디어 내가 시들었다
산모기떼 잉잉거리는 저녁 어스름
허리 굽은 버드나무 할미
오오냐, 내 새끼 산밭으로 가자
남은 청무우 하나 뽑아 먹고
매운 눈을 들면
하얗게 질린 눈썹달
마을은 집집마다 문을 걸었다
달아나라, 달아나
맨살로 붙박인 외진 밭머리
깜깜한 바람이 일면
드디어, 내가 싸늘한 혼불로 뜬다

귀로

입동 지난 들길은
뼛속으로 스산하다
이제는 모두 비어진 저 목화밭
그래 지난 여름 고생했다
줄 것이 아직 남아 있는 자는 행복하겠지
말라가는 이 풀꽃들도
다음 봄을 기약할 줄 아는데
없는 몸은 비 맞은 새처럼 초라하다
그대는 슬프지 않는가
이렇게 약속도 없이 또 굽어지는 세월이
곧 살얼음을 맞이할 논바닥으로
내 남은 욕망이 눕고
눈 먼 도꼬마리풀 하나가
꽁무니를 끈질기게 따라붙는다
어쩌란 말인가
갈 수 없는 이 몸에게
어디서 휘파람새가
마지막 울음으로 떠나간다

저녁강

늦가을 내리는 석양빛에
붉게 타는 강물을 보았는가
부르터 쓰린 발길로
먼 데서 돌아오는 연어떼의 벅찬 귀향을.
돌아와 총총한 저녁별 빛나는 꿈을 낳고
이내 찬 물결에 스스럼없이 부서지는
우리네 에미, 애비들의 붉은 가슴을 보았는가
갈밭머리 종일 쫑알대던 새들도
다 철들어 떠나고
이 세상마저 저물어 길이 보이지 않을지라도
살아있는 것들은 쉼없이 흐르고 흘러
스스로의 길을 찾고
마침내 더 큰 자유를 완성하리니
패인 웅덩이 어두운 갈숲을 낱낱이 채워주고
다만 세상의 낮은 쪽을 바라보는 강물이여
흐르는 마음은 썩지 않는 마음
흐르는 마음은 이우고 낮아지는 강물의 마음.
저문 강물 위,

별빛으로 떠서 흐르는 피를 보았는가
그 귀한 사랑을 보았는가.

겨울날

시린, 아들놈 손을 붙들고
호호 불어주다가
붕어빵 하나 사서
완행버스에 태워 보낸 뒤
버스가 사라져가는
산모롱이 모퉁길
하염없이 바라보다가
기어이 들린 동네 선술집
외상술 먹고 나는
우, 우노라.

겨울섬

앙상한 싸릿대
눈발 쓸리는 뒷거리
얼어붙은 꽁초로 붙박인 섬이던가
갈 수가 없네, 너를 두고서는
꺾인 나무젓가락 마음을 더듬어
아직은 새벽닭이 울고
바람도 씽씽 콧날이 즐겁다네
따끈한 국수 한 사발
퉁퉁 뱃가죽을 울리는 북소리
어허, 이런 날에는
팔 벌려 막춤이라도 추어볼거나
이 새벽, 기어이
섬 하나 다시 떠 흐르기 위하여.

겨울새

날아라, 새
어둔 지평을 가르며
흐느끼며 거부하며
저 단단한 겨울 속으로

무엇인가
이렇게 살아있다는 것은
아무도 따라갈 수 없는
바람의 궤적

새여,
얼어붙은 하늘을 뚫고
단 한번 가 닿고 싶은
저 슬픈 꿈속의 꿈.

동면冬眠

동짓달,
나무들은 뒤로 서서 울고
가시 박힌 바람은
가슴 한 쪽을 뜯어간다

또 다른 시작을 믿느냐

하얗게 길 지워지면
차라리 혼도 없는 짐승이 되어
말없이, 이 겨울을 버려라.

겨울 노래

사랑이여, 다시 가리라
남은 숨결처럼 붙어 있는 붉은 산열매
몇 개의 추억도 다 떨어진 뒤
그림자 밟으며, 오직 들길 너머로 나는 가리라
얼어붙은 저 하늘 혹 눈발 날리거든
우러러 잠시만의 위안도 두 손에 받고
그 눈발처럼 막막하고 어지러운 길
후미진 이 길로 다시 가리라
어디쯤에 이르면
따스한 밥 한 그릇의 온기를 만날까
핏덩이 같은 울음이 가슴에 차는데
잡풀 잠든 밭둑엔 바람만이 매섭다
사랑아, 너는 어디 있느냐
얼부푼 혓바닥을 치욕으로 삼키며
하늘 저편으로 사라지는 되새 한 마리
껴안을 것 없는 자의 가난한 눈물도
날 저물면
이제 차운 눈발보다 먼저 길에 묻히리니

시린 못물 속에 얼비치는 달빛
한 줄기, 샘물처럼 받아먹고
이 자석아 이 자석아 부르튼 발바닥 깨우며
논바닥 살얼음장 버석이는 소리로
사랑이여, 다시 너를 찾아가리라.

꽃피는 봄이 오면

꽃피는 봄이 오면
들길 너머 양지뜸에 움막 하나 짓고
똘똘한 삽살개 한 놈 데불고 싶다
혹 모르는 손 찾아와도 너는 짖지 말아라
이젠 헛된 목청을 아껴두어야지
뜰 앞의 복사꽃 바람에 흩날리고
불현듯, 묵은 서러움이 목구멍을 간질거릴 땐
이웃집 할머니 텁텁한 농주라도 받아마시자
아아, 취한 세월은 이미 자취도 없어
봄은 또 저 혼자 열렬히 타오르다 사위겠지만
한평생 부치지 못한 편지는 모두 술잔 속에 불사르고
저 꽃그늘 속 나비떼들의 싱싱한 꿈도 보이는
그런 봄날의 울 밑에 누워보고 싶다
가끔 바람에 꽃잎 하나 찾아와 네 소식을 물으면
그냥, 이렇게 나처럼 살고 있다 하고.

제4부
작은 마을에서

별후別後

그대, 모든 헤맬 길
서러움도 마른 뒤엔
살구꽃 피는 동구洞口에서 만나리.

파주역에서

황량한 벌판 한복판에 내려서면
역사驛舍도 없고
의자 몇 개만 뎅그란 간이역.
컴컴한 논길 너머 도로변으로
자동차 불빛은 번득이고
버스를 기다리는 사람들의 흔들리는 그림자
낯선 마을의 밤은 깊어가는데
종착역 가까운 곳
있어도, 없어도 그만인 듯 기어가며
매서운 바람에 얼어붙은 철길
등불 하나 켜든,
순례자의 겨울 행로.

해변길

가난한 친구가 받아 주는 낮술은
아끼는 맛이 좋아라
비 오는 바다 위로 청둥오리떼 내리니
세상도 조금은 느긋해지려나
수수깡, 마른 풀대 뼈를 부딪는 늦가을
기다림도 한 희망이라지만
기다림마저도 잃었을 땐 어이 하리
드틴 약속은 부질없이 모래펄로 쌓이고
십리 해변길엔 파도소리 뿐.
다시 돌아가려네, 비 그친 뒷길로
잡히지 않는 세상의 낮은 눈물들
반쯤만 버리고.

새벽별

— 누이에게

내 가는 길에는
반딧불 하나라도 떠올랐던가
돌아보면 언제나 제자리걸음인 듯, 그러나
강물은 소리 없이 흐르고 있었나 보다
한 사람을 배웅하고 돌아오던 밤
사방은 더욱 캄캄하고 적막하였지만
못 다한 마음이 별로 뜨는 새벽, 비로소
텅 빈 손 흔들고 가는 바람 소릴 들었지
아, 그걸로 되었다
더러는 비겁하게 제 길을 비껴갔으나
결코 남의 가락에 춤출 수는 없으니
이 땅의 서러운 햇살 거짓 없이 받아먹고
추수 끝난 들판의 허수아비로 서 있을지라도
네 울음, 네 반짝임으로
이 세상 낮은 곳에 뜨는 새벽별 되거라.

위로

다시 읽는 조선사상사, 끝줄에서
아직도 쫓겨 가는 해월海月을 듣는다.

삶이 우리를 속일지라도
끝내 슬픔만은 속이지 못하리라

어디에 있나, 울 줄 아는 그 마음
붙일 곳 없어 지금도 세상을 떠도는가

그리하여, 오직 슬픈 마음만이
또 다른 슬픔을 위로한다.

* 해월: 동학의 제2대 교주 최시형(1829~1898).

사람의 저녁

휘파람새 떠나간 하늘로
어느덧 눈구름
메아리 없이 흘러가버린
북소리

조선장造船場 뒷방에서 화투를 치다
술판 벌리던 사람들
쓴 열무김치 한 입
툭시발 주둥이에 내리던 눈

누이는 자라서 이쁜 새색시가 되고
집 나간 아우는 어느 파도에 떠밀렸나
저물도록
소식 없는 사람, 사람들.

하룻밤

애인아,
너를 떠나기 전 하룻밤이다
무애무無碍舞를 추고
거렁뱅이 찬가를 부르며
낮술에 취하여 하릴없이 떠돌았어도
부끄럽게 혼자서만 깊어졌구나
무엇을 위하여 종은 울리나
저요, 저요, 입 벌리는 어린 새끼들
목구멍만 아득하게 어두웠을 뿐
세상은 그루터기에 남은 상처 아니냐
그러므로 애인아, 너를 떠나기 전
하룻밤 그 어둠을 나누어 주리라
이승의 더운 입김 발등을 찍던 도끼
다 흘러가게 하고
날이 새면, 너도 또한
이 세상 가장 작은 풀잎으로 흘러가거라

답신

봄나무들의 손길 바쁠 때
그 꽃그늘 아래 무식하게 앉아 보았어
반쪽짜리 낮달의 희미한 울음과
부산한 들쥐떼 웃음소리를 들었지
나도 그처럼 재빠르게 살까
쉿—
꽃들은 모두 입술 위에 손을 얹더군
제기랄, 그래 남은 마음으로
밤이면 귀퉁이 통풍구로 오랜 별을 찾았지
거기 변함없이 별 하나 떠서 빛나건만
지상엔 지금도 쫓겨가는 그림자
그리하여, 나무들이 손을 내미는 동안 침묵하자
그 뒤, 벌써 거덜난 내 봄의 한밤중
비 내리는 뒷길엔 새로운 어둠이 가득하고
서쪽에서 두견새 울면 가리라, 하니
다시금 다 쓰지도 못한
참 캄캄하고 서러운 편지.

가객

나무들이 스산하게 비에 젖는 때
가까스로 하루를 열고닫던 오기도 죽고
침잠하는 노래들만 길에 누웠다.
길을 가며, 산길을 가며
목구멍으로 토해내던 너의 선지피
들판에서 이룬 사랑은 어디 있는가
바늘처럼 울고 섰던 그 아이도 보이지 않고
초추初秋의 풀잎 위엔 서늘한 그림자.
아, 오래된 거미줄
목숨의 더러운 때만 남아
이 빠진 밥그릇 파리떼로 굳어졌는가
잡놈아, 그러길래 왜 도망치듯 뒷길로만 가느냐
미안하다, 내 숨통이 그것 밖에 안 되는 걸.
피리를 불어다오, 북을 쳐다오
동아줄로 꽁꽁 묶여 처박힐지라도
잘린 혓바닥 하나는 끝내
남아 있으리니.

작은 마을에서

목마를 땐
쓴 솔잎도 씹으며 걸어왔다.
이제 천지는 물빛
없는 길 위에서 네가 뿌린 눈물도,
아침 나팔꽃의 깨우침도
부질없었다, 지친 어깨들
다만 낮잠의 짧은 꿈으로
배추밭에 흐득이는 빗소리, 튀는 빗방울
아, 얼마나 싱싱한 아픔이더냐
아득한 들판 너머엔
비안개 속으로 떠가는 눈동자 하나,
슬픈 전생의 기억 하나
그러나 거친 땅 위엔, 지금도
갓 태어난 아이의 당당한 손금이 있어
이 마을에도 분명한 새가 우느니
꽃 지는 마을의 작은 도랑가에 앉아
너는, 돌돌 흐르는 그 소식 들어라.

가업리

허름한, 정미소 뒤뜰
기계 돌아가는 소리 끊어진 뒤
작년의 낙엽 위로
다시 올해의 낙엽은 쌓이고
혀 씻히는 오후,
때 없이 이는 생각은 병이다
스치는 한 줄기 바람에
글썽이는 것들 모두 흩어지면
하학길의 아이들
저 깔깔대는 소리로, 떠나고 싶다

레바논의 아이

나는 기억하네
아무도 몰래
장롱 속에서 홀로 죽어간 아이를

나는 기억하네
보험금 대신
달리는 기차 바퀴에 발목이 잘려나간 아이를

나는 기억하네
새엄마의 지극한 사랑으로
온몸에 푸른 문신을 달고 별빛 아래 잠든 아이를

나는 기억하네
여름 캠프 철재 우리 속에서
숯덩이처럼 하얗게 스러져간 아이들을

나는 기억하네
우리가 버린
이 세상의 모든 아이, 레바논의 아이들을.

먼 그대

풍각쟁이들
한바탕 징을 치다 떠나고
남은 하늘엔 시린 별 하나
그 처음이 그리워
빈 얼굴로 어리광도 부려보는
어허, 사십도 훨씬 넘긴 얼뜨기
얼뜨기의 사랑.
불혹을 넘기면 돌아가
거울을 닦는다는데
늦도록 흐린 창을 닦으며
너는 무엇을 기다리는가
깜박이는 별빛도 잠든
이 세상 낮은 지붕들 사이로
다시 새살처럼 돋아오는
그러나 여전히 먼, 그대.

부랑자를 위하여

이 가을은 갈 곳이 없구나
둘러보면 돌아앉은 사람들의 싸늘한 불빛
이렇게, 별것도 아닌 목숨에 떨며
때로 울며 욕지거리도 하면서 걸어왔구나
그래 가난이야 대대로 물려받은 유산이려니
생각하고, 혹은 위로하고
인적 끊긴 저자 거리에서 꽁초를 피워 문다.
흐흐 참으로 어눌한 청춘이었어
쓴웃음처럼 연기는 세월 속으로 흩날리는데
어버이도 벗도 형제도 베어버린
그 오성悟性의 칼끝으로
마지막 내 썩은 심장도 도려내야 하리
더 무엇이 남아 있을까
대낮에도 두 눈에 불을 켜고
지나가던 군용트럭의 숫기 좋은 행렬
내 영혼은 그렇게 나아가고 싶었지만
아내는 아나키스트의 꿈을 더는 믿지 않았다.
성화로구나, 성화

세상도 아내도 나의 육신마저도
그리하여 지금은 부랑浮浪의 때
산속 깊이 들어가 숲의 정령을 만날까
허물어진 서낭당 돌무더기에 몸을 뉘일까
이 가을은 갈 곳이 없구나
오직 하나,
돌아보면 두고 온 아이의 글썽이는 눈빛.

벌교

역전 공터는 봄비에 젖어
낮게 날던 제비도 새끼들 품으러 바삐 가고
끝까지 삼류인 극장 간판에 듣는 빗방울
노랑머리 미녀는 웃는지 우는지
이름이 치킨집으로 바뀐 그 선술집 처마 밑에서
젖은 어깨를 털고
병풍 같은 산을 물들인 진달래 참꽃을 보니
아아, 해마다 봄은 이리도 붉게 타건만
부용산 허릿길을 돌고 돌아
하늘 끝 —
헐떡이며 못내 쫓기던 사람, 내 사람은
지금 어느 산 꽃넋으로 피어
비에 젖고 있나
부우연 읍거리 다리 밑으로 쓸데없이
푸새 것들만 싱싱하고 무성하게 자라나는데
대합실 창문 너머
남녘 하늘 개었다 흐렸다 낙수소리 세다가
기차는 왜 이리 더디 온다냐
지랄 같은 울화는 치미는데.

찔레꽃을 위하여

바람 부는 거리에서
홀연 어깨를 치고 갔던 사람
얼굴, 없었다
내미는 손만으로도 하루가 가득했을 뿐
반딧불 이미 사라진 산천에
등짐 천리, 노래 부르며
키운 가시는 오직 세월을 넘는 무기였던가
비 개인 논둑길엔 지렁이 꿈틀
젖내 나는 처녀애 삼단머리라도
들풀처럼 쓰다듬어 주고 싶어서
끝길로 가면 끝길로 가면
굴렁쇠 굴리고 가는 저 천진한 아이
누가 그 모든 처음이 슬펐다고 말하랴
하세월 바람 속 빗물 받다가
흔들리는 불빛 한 점 지상地上에 걸어두고
흰옷자락 펄럭이며 가버린 사람
자취, 없었다
향기만 오래도록 떠가고 있을 뿐.

오동리에서

물그림자 조용히 흐르는 마을
가을 햇살은 죄없이 투명하고
산밭에선 깻단 마르는 소리만 툭툭거리는데
지상地上에서 버림받은 저 그림자 몇몇
온 밤을 찬 달빛으로 휘감으며
설운 노래 부르다가 잠이 드는 새벽이면
그래도 싱싱한 닭울음소리는 남아
아득히 잊혀진 하늘을 열어주는 건가
무정한 세월이 수없이 흐른 뒤
문득, 나 여기 와서 보았네
우리네 어머니와 또 그 어머니들이
밤마다 이어갔던 기나긴 육자배기 가락이
어떻게 이 땅의 골짜기마다 스며들어
새벽 물안개로 피어오르는가를.
뒤뚱거리며 뛰어가는 오리들아
고개 숙인 해바라기, 각시풀 뽀얀 얼굴아
사람이 그리워 길 뜬 하룻길
모든 것은

뚝뚝 지는 오동잎에 껴안을 사랑이었네
아아, 산이 막혀 못 오시나 물이 막혀 못 오시나
굽이도는 산길마다 묻어있는 이 가락을
어쩌자고 나는 애써 외면하며 걸어왔던가
마른 땅을 헤치고 무더기로 피어나는 구절초
깨끗한 손 흔들 듯 다시 떠날 수 있다면
나도 쓴 입술에 따스한 햇살 한줌 받아 먹고
서걱이는 억새풀 질긴 노래로 깨어나고 싶었네
오래 묵은 설움 한 자락
물속 깊이 묻어두고 떠나온 마을
우리 살아있음이 아직 황홀한 그 마을에서.

* 오동리(梧桐里): 대청호반에 있는 작은 강마을. 행정명칭이 오동리이고, 이곳 사람들은 흔히 '어부동' 이라고 부른다. 시를 쓰는 가난한 후배가 여기 살고 있다.

폐교

끊어진 분필토막 뒹군다
칠판 위엔
서툰 솜씨로 흐려진 선생님 안녕 같은 글씨들
깨진 유리창 사이
거미줄이 한가롭게 너울춤 추는데
운동장 귀퉁이에서 다투고 있는 잡풀들
문득 아이들 공차는 소리, 해맑은 웃음소리, 소리…
저무는 햇살 속에 아련히 끊어지고
바람결에 건너간 시간이 잠시만 돌아와
녹슨 종을 울릴 때
백엽상, 혹은 풍향계 위에서 새들이 떠나간다
이 저녁 누군가의 기억 속에서 지워지고 있을 공간
사라져가는 것들의
그 쓸쓸한, 허리를 본다.

파랑새

— 막내에게

보았니, 그 새를
봄 나무 사이에서 황홀하게 웃음지을 때
너의 머리 위에서 함께 기뻐하던
친구 같은 새 하나를.

들었니, 그 노래를
밤마다 아무도 몰래 찾아와
너의 머리맡에 살며시 풀어놓던
꿈결 같은 노래 하나를.

누이야, 네가 자라서
비로소 사람도 저무는 일임을 알게 되었을 때
너는 슬퍼하지 말고, 다만
가슴에 오랜 약속 같은 새 하나 깃들게 하렴
노래하게 하렴.

밤배

나 빈둥거리며 흘러가련다
길도 없고 뜻도 없는 밤하늘 벗 삼아
술이나 한잔 하면서
가끔 외로우면 어설픈 노래도 뽑으면서
말없이 하류를 지향하련다
달뜨지 않아도 흐르는 물결
별빛이 없어도 끝내 가야하는 세월
때로, 맴도는 물길 만나
속절없이 헤매기도 하면서
빠른 물살엔 차라리 내 손을 씻으며
풀벌레 똘똘한 울음이나 껴안고 가련다
흘러가는 일이 우리의 사랑이고
또 흘러가는 일이 슬픔이란 걸, 알았다 해도
지금은 새벽 찬 서리도 흔쾌히 맞으며
남은 하류를 바라보고
나 오직 빈둥거리며 흘러가련다.

■ 발문

거친 들판 쏘다니며, 하늘을 나는 꿈을 꾸다

이소리
(시인 · 문학in 대표)

옆집 할매네 마당가 빨랫줄
붉은 집게 두엇이 버선발 하나를 물고 있다.

그래 겨울에는 일감도 없지

하, 작은 밥줄에 매어달린
저 잇몸 시린 입술들.

—「빨래집게」 모두

시인 박호민 첫 시집 『들개와 솔개』 첫 장에 실린 시를 읽는다. “옆집 할매네 마당가 빨랫줄” 에 매달린 “붉은 집게” 는 거친 들판을 들개처럼 쏘다니면서도 솔개처럼 하늘을 나는 꿈을 꾸고 있는 박호민 자화상이라 할 수 있다. 이 시에서 “마당가 빨랫줄” 은 이 세상이며, ‘버선발 하나’ 는 시인에게 “작은 밥줄” 을 이어주는 “일감” 이다.

시인 박호민이 쓴 이 시와 이번에 펴내는 첫시집에 실린 여러 시편들을 읽고 있자니 슬며시 눈물이 난다. 시인은 1980년대부터 1990년대 허리춤께까지 글쓴이와 가끔 술잔을 기울이며 엇박자만 치며 흘러가는 우리 정치와 경제, 사회를 때리고 꼬집기도 했던 살가운 동무이기도 했다. 그 동무가 어느 날 갑자기 어디로 간다는 말 한 마디 남기지 않고 사라졌다가 이제야 시집 한 권을 들고 낮도깨비처럼 불쑥 나타났으니… 그래. 그도 그동안 나처럼 이 세상이 세운 날 끝에 많이 베였나 보다.

글쓴이가 시인 박호민을 만난 것은 시인 박종권 형(실천문학사 간행, 유고시집 『찬물 한 사발로 깨어나』의 저자)으로부터 비롯되었다. 시인 박종권 형은 박호민의 친형이다. 그러니까 박호민보다 박종권 형을 먼저 만났다는 뜻이다. 여기서 잠깐 박종권 형 이야기를 살짝 들추자. 박종권(1954~1995) 형은 1954년 전남 고흥이 키운 시인이기도 했지만 판소리 가락에 맞추어 북을 치는 고수이자 소리꾼으로 더 널리 알려져 있었다.

그때 종권 형이 민족문학작가회의(현, 한국작가회의)를 중심으로 문단에 들락거리며 자주 불렀던 노래는 「쑥대머리」와 「호남가」 등 판소리였다. 특히 "함평천지 늙은 몸이 광주 고향을 보랴 하고…"로 시작되는 「호남가」와 「새타령」을 완창할 때 구성지게 온갖 새소리를 흉내내던 그 대목에서는 마치 새들이 옆자리에 환생하여 노니는 듯 착각할 정도로 기막힌 소리의 향연이었다. 지금도 그 판소리가 귀에 쟁쟁하게 울려 퍼진다.

그런데 이 무슨 날벼락이란 말인가. 1995년 2월에 박종권 시인은 강남의 어느 술집에서 '비운의 사고'로 어이없는 횡사를 당해야 했으니, 우린 그때 하늘이 무너지는 충격에 휩싸였다. 오로지 돈밖에 모르는 '자본의 제국'이 한 순결한 영혼을 집어삼켰으니, 차마 믿을 수 없는 참상이었다. 박종권이라는 사람의 북소리(그는 판소리고법 인간문화재인 일산 김명환 선생으로부터 사사받은 제1의 제자였다)와 창(그는 동학농민혁명 100주년 기념 장효문 시인의 〈판소리 전봉준〉을 약 2시간 동안 완창하기도 했다) 그리고 시적 열정과 그 따뜻한 인간성을 사랑하던 문단의 선후배, 동료 문인들과 국악인들은 그의 장례기간 동안 대성통곡을 멈출 줄 몰랐다. 이영진 시인이 쓴 조시弔詩처럼 박종권 시인은 "우리의 식은 가슴을 쪼개던 대책 없는 눈물 / 잠시도 멈출 수 없는 숨가쁜 노래"였다.

"빈 손 가득히 움켜쥔 / 햇살, / 한 줌의 햇살 // 그대의 힘찬 북소리 / 그 마지막 떨림 / 나를 흔들고 // 그래도 다시 또, / 가야할 길 위에 / 부는 바람 // 거친 들길에서 오직 떨며 / 움켜쥔 두 손 / 그리운, 그 살의 뜨거움." (박호민, 「들길에서—박종권 형을 그리며」 전문)

시인 박호민을 보지 못한 것도 그때 그 사고가 난 뒤부터였던 것 같다. 그래. 한창 활동할 나이인 젊은 맏형을 졸지에 잃은 시인의 마음은 또 얼마나 쓰리고 아팠겠는가. 글쓴이 또한 친형처럼 지냈던 종권 형이 이 세상을 떠난 뒤부터 하는 일마다 뒤틀려 시인 박호민처럼 여기저기 떠돌아 다녔다. 이 세상에 고래고래 욕지거리도 하면서 말이다. 오랜만에 읽는 시인 박호민 시에서 글쓴이 모습이 겹쳐져 보이는 것도 종권 형이 이 세상을 떠난 뒤부터 나 또한 그와 비슷한 삶을 살았기 때문이 아니겠는가.

시인과 민초들이 기어이 붙잡으려는 희망

다시 벌판으로 가야겠다
잿빛 새들의 쉰 울음만 붙박인 하늘 끝
정정한 그 숨결 끊어졌다 하여도
남은 발바닥으로 처음처럼 울부짖으며 가야겠다

저 인간의 거리엔 얼마나 많은 꽃들이 피었다 졌던가
목을 빼도 이제 새벽별은 뜨지 않으리라
다만 오랜 갈증만 핏줄 속에 살아서
얼어붙은 한 점 불씨를 되살리겠다
그러므로 결코 나를 길들이려 하지 말라
불 맞은 짐승처럼 절룩일지라도
원시의 풀잎들이 몸을 푸는 곳으로
쉼 없는 바람의 노래 들으러 가야겠다
빛바랜 풀숲더미를 휘적이면서
거칠고 무딘 발자국을 홀로 찍으면서

—「들개 1」 전문

시인 박호민은 1958년 전남 고흥에서 태어나 광주상고를 나와 한때 은행원으로 일하다가 군복무를 마친 뒤 늦깎이로 단국대 경제학과를 졸업했다. 1989년 민족문학작가회의(현, 한국작가회의) 기관지 『민족문학』으로 등단한 시인은 그때부터 잡지사와 출판사의 편집 일을 하다가 행상, 목수, 프리랜서 등 식의주을 찾아 이 세상을 진짜 들개처럼 쏘다녔다. 그렇게 여기저기 먹이를 찾는 들개처럼 기웃거려도 이 세상은 그를 그리 살갑게 맞이하지 않았나보다. 2006년 3월에 고향 고흥으로 돌아가 지금은 '팔영산 자연휴양림' 에서 일하며 틈틈이 시를 쓰고 그림을 그리고 있다고 하니 말이다.

박호민 첫 시집 『들개와 솔개』는 모두 4부로 나뉘어져 있다. 1부는 그가 대자연을 바라보며 느끼고 품은 심상과 고향이야기가 새록새록 숨을 쉬고 있다. 2부는 이 세상 곳곳에서 살아가는 동식물과 스스로를 쓰다듬는, 그야말로 몸부림이 폴폴 묻어나는 짧은 시편들이다. 3부는 봄 여름 가을 겨울, 사계가 지닌 속내를 사람살이에 빗대고 있다. 4부는 시인이 바라본 여러 가지 모습들을 통해 시인 스스로를 들여다보고 있다. 그렇다고 이 시편들이 제각각 따로 떨어져 등을 돌리고 있다는 것은 아니다. 각부에 실린 모든 시편들은 서로 딴 살림을 차리고 있는 것이 아니라 피붙이나 살붙이처럼 튼튼한 동아줄로 이어져 있다는 그 말이다.

시인 스스로 "이제야 지난 내 궤적들을 한 권에 묶어본다. 돌아보면 삶은 슬픔의 바다였다. 그 슬픔은 그리움으로, 때론 한잔 술의 분노로, 혹은 아무도 없는 들판 그 허수아비의 외로움으로 새겨졌던 모양"이라고 '시인의 말'에서 말하고 있는 것처럼. "들개처럼 살아왔다. 그러나 내 눈은 언제나 솔개를 닮고 싶었다"고 고백하는 시인. "저 어둔 벌판을 두 동강이 치는 벼락 같은 꿈 하나 이루고 싶었다"고 못 박는 시인. 그는 왜 들개가 되어 "거칠고 무딘 발자국을 홀로 찍으면서"(들개 1) 솔개를 닮고 싶어 하는 것일까.

> 너 이놈, 아직도 멀었다
> 느닷없는 호통소리에 놀라 하늘을 보니
> 거기, 여전히 솔개 한 마리 날고 있었네
> 한낮의 숨죽인 정적을 쪼개나가는 눈빛으로
> 저 천길 허공에서 오직 일직선으로 떨어지던
> 한 방울 핏소리의 기억.
> 두려움 없이 길을 열고
> 어둔 벌판을 두 동강이 치듯 날아가던 솔개여
> 아아, 지금도 내 가슴에 살아있는 떨림이여
>
> —「나의 솔개」 부분

시인이 이 세상 거친 들판을 들개처럼 서성이면서도 솔개를 닮고 싶은 것은 솔개가 "두려움 없이 길을 열고 / 어둔 벌판을 두 동강이 치듯 날아가"기 때문이다. "쥐새끼 몇 마리쯤은 단숨에 쓸어버릴 발톱으로 / 지금 내 심장을 할퀴고 가는" 그 새가 솔개이기 때문이다. 시인은 이 시집 곳곳에서 들개와 솔개를 화두로 삼아 이 세상살이를 빗대고 있다. 여기서 들개는 시인 자신이기도 하고, 이 거친 세상살이에 부대끼며 살아가는 민초이기도 하다. 솔개는,

먹고 살기 위해 들개처럼 침을 흘리며 미친 듯이 쏘다니는 시인과 아무리 몸부림쳐도 가난에서 벗어나지 못하는 민초들이 기어이 붙잡으려는 희망이다. 그 솔개는 오늘도 시인 마음에 둥지를 틀고 앉아 "누구도 들을 수 없는 울음으로 / 누구도 가 닿을 수 없는 슬픈 날개짓"(나의 솔개)을 퍼덕이고 있다.

작은 촛불 하나 들고 길을 찾아 헤매는 시인

콩나물 가게에 가보았나,
검은 천의 그늘 아래 서로 키를 재고 있더군

밑에 있는 놈들의 머리 위에
하얗게 뿌리를 내리는 것들

어쩌면 나도 그런지 몰라
아, 우리는 고작 콩나물이었을까

—「콩나물」 전문

시인 박호민은 이 세상 곳곳에서 살아가는 동식물이 지닌 속내를 세상 사람들의 고된 삶에 빗댄다. 이 시에서 말하는 콩나물, "검은 천의 그늘 아래 서로 키를 재고 있"는 콩나물이나, "밑에 있는 놈들의 머리 위에 / 하얗게 뿌리 내리는 것"도 '들개'를 상징하는 것에 다름 아니다. '들개'는 시인과 민초들이기도 하지만 식의주 앞에서는 한치 양보도 하지 않는다는 점에서 바라보면 힘센 권력자를 상징하고 있기도 하다. 시인이 "아, 우리는 고작 콩나물이었을까"라고 스스로 탓하고 있는 것도 이 때문이다.

시인이 동식물을 오래 깊이 바라보며 스스로 주저앉고, 스스로 일어서는 들개와 솔개 같은 시편들은 이 시집 곳곳에 깊은 뿌리를 내리고 있다. "놈이 홰를 칠 때 / 왜 애써 퍼덕거리는 줄 아는가 // 한번만, 한번만 / 멀리 날아보고 싶은 것이다"(「수탉」)라거나 "쓴 소금국 위로 / 아프게 흩어지던 꽃잎"(「개망초」), "다 가고 / 괴로움만 남겨 두거라"(「갯벌에서」), "어허, 몇 백 년을 밥 얻어먹었으면 / 이젠 나가서 땔 나무라도 해와야지 / 때 묻지 않은 신발이 자랑이더냐"(「흰 고무신」), "꽝꽝 꽝꽝 / 추운 땅, 시린 발들 서로가 다지며"(「꽝꽝나무」), "바싹 마른 햇살에 / 팔 벌린 느티나무는 여전히 말이 없고 / 못난 것들의 하루는 멀기만 하다"(「언덕길」) 등이 그러하다.

서리 앉은 밭둑에서
드디어 내가 시들었다
산 모기떼 잉잉거리는 저녁 어스름

허리 굽은 버드나무 할미
오오냐, 내 새끼 산밭으로 가자
남은 청무우 하나 뽑아 먹고
매운 눈을 들면
하얗게 질린 눈썹달
마을은 집집마다 문을 걸었다
달아나라, 달아나
맨살로 붙박인 외진 밭머리
깜깜한 바람이 일면
드디어, 내가 싸늘한 혼불로 뜬다

—「허수아비」 전문

박호민 시인이 바라보는 봄과 여름, 가을, 겨울 등 사계절은 춥고 어둡다. 그 사계절은 캄캄한 곳에서 작은 촛불 하나 들고 길을 찾아 헤매는 시인을 쏘옥 빼닮았다. 그래. 시인이 초겨울에 오래 바라본 허수아비도 어쩌면 밤마다 먹이를 찾아 컹컹거리는 그 들개가 남긴 발자국인지도 모른다. 들개가 솔개를 닮고 싶어하듯이, 허수아비가 "싸늘한 혼불"로 뜨는 것, 그것은 곧 이 세상에서 버림받은 허수아비가 솔개로 거듭나는 것과 다름없다.

봄이 다가와도 그 들개가 밤마다 울부짖는 울음소리 같은 짙은 어둠은 좀처럼 가시지 않는다. "봄날, 비린내 뜨는 들길 위에 / 비는 내려 / 새떼들 서둘러 길을 떠난 뒤 / 골안개의 울음소리만 들리었느니”(「빗소리」)나 “언제나 변두리로부터 달려오는 봄 / 이 봄은 누구의 계절로 다시 오는 걸까”(「삼송리의 봄」), “이 고운 봄날에 / 텅 빈 하늘처럼 말라버린 / 내 가슴 밑바닥에도 / 다시금 맑은 샘물이 솟아날 수 있을까”(「봄노래」) 등도 마찬가지다.

여름이 다가와도 그 지독한 어둠은 끝내 꼬리를 내리지 않는다. “땅속의 세월이 어둠은 아니다. / 제대로 울지도 못하는 것, 그것이 / 너의 어둠”(「매미」)이기 때문이다. 가을이 다가오면 그 지리한 어둠은 쓸쓸함과 서러움으로 다가선다. “차라리 세월 없는 마을로 가고 싶었다. / 살아라, 살아라 밤새 서럽던 방울새는 평안한가 / 뒷숲에서 서걱이던 시누대 야무진 입술 / 내 사랑했던 모든 이들의 젖은 눈망울 / 이제 저마다 눈부신 가을 강물소리로 흘러가겠거니”(「가을편지」), “이슥고 남은 햇살마저 떠나고 난 뒤 / 사방엔 말라가는 풀꽃들의 향기만 가득하고 / 오리나무 숲에서 깃을 치는 동박새 울음 / 사랑한다, 사랑한다, 사랑한다고 / 내 서늘한 가슴을 세차게 두드리고 흩어져 가는데”(「이 가을의 노래」) 등이 그 시편들이다. 들개를 키운 그 어둠을 닮은 추운 겨울은 결국 “외상술 먹고”(「겨울날」) 울지 않으면 도저히 어쩔 수 없는 화두로 자리잡는다.

시린, 아들놈 손을 붙들고
호호 불어주다가
붕어빵 하나 사서
완행버스에 태워 보낸 뒤
버스가 사라져가는
산모롱이 모퉁길
하염없이 바라보다가
기어이 들린 동네 선술집
외상술 먹고 나는
우, 우노라.

솔개 닮기 위해 스스로를 마음이란 거울에 비추다

끊어진 분필토막 뒹군다
칠판 위엔
서툰 솜씨로 흐려진 선생님 안녕 같은 글씨들
깨진 유리창 사이
거미줄이 한가롭게 너울춤 추는데
운동장 귀퉁이에서 다투고 있는 잡풀들
문득 아이들 공차는 소리, 해맑은 웃음소리, 소리…
저무는 햇살 속에 아련히 끊어지고
바람결에 건너간 시간이 잠시만 돌아와

녹슨 종을 울릴 때
백엽상, 혹은 풍향계 위에서 새들이 떠나간다
이 저녁 누군가의 기억 속에서 지워지고 있을 공간
사라져가는 것들의
그 쓸쓸한, 허리를 본다.

—「폐교」 전문

아무렴. 사라지는 것들은 모두 쓸쓸하다. 손 흔들고 등을 보이며 떠나는 사람, 그 뒷모습을 바라보는 것이 얼마나 쓸쓸하던가. 시인 박호민은 하늘 높이 거침없이 날고 있는 솔개를 닮은 희망을 거머쥐기 위해 들개처럼 여기저기 떠돌며 스스로를 마음이란 거울에 비춘다. 시인 스스로가 비춰지고 있는 그 마음이란 거울 속에는 시인만 들어 있는 것이 아니다. 시인 주변에서 끼니 한 끼를 위해 낮이나 밤이나 배고픈 들개처럼 떠돌고 있는 이 세상 모든 삼라만상이 함께 서로 등을 부드럽게 기대고 있다.

"가난한 친구가 받아 주는 낮술은 / 아끼는 맛이 좋아라 / 비 오는 바다 위로 청둥오리떼 내리니 / 세상도 조금은 느긋해지려나"(「해변길」), "내 가는 길에는 / 반딧불 하나라도 떠올랐던가 / 돌아보면 언제나 제자리걸음인 듯, 그러나 / 강물은 소리 없이 흐르고 있었나 보다"(「새벽별—누이에게」), "그리하여, 오직 슬픈 마음만이 / 또 다른 슬픔을 위로한다”(「위로」), “세상은 그루터기에 남은 상처 아니냐 / 그러므로 애인아, 너를 떠나기 전 / 하룻밤 그 어둠을 나누어 주리라”(「하룻밤」), “이 마을에도 분명한 새가 우느니 / 꽃 지는 마을의 작은 도랑가에 앉아 / 너는 돌돌 흐르는 그 소식 들어라”(「작은 마을에서」), “깨끗한 손 흔들 듯 다시 떠날 수 있다면 / 나도 쓴 입술에 따스한 햇살 한줌 받아먹고 / 서걱이는 억새풀 질긴 노래로 깨어나고 싶었네”(「오동리에서」) 등이 그 시편들이다.

시인이자 문학평론가인 오민석 교수는 “박호민은 울보 시인이다. 바람 불어도 울고 비 내려도 운다. 그의 울음에 감염된 나도 그의 시를 읽으면서 빽 하면 질질 짠다”고 말문을 연다. 그는 “세상은 슬프고 적멸寂滅의 길은 아득히 멀다. 어린 아들을 보내고 돌아와 시골 구멍가게에서 외상술 먹는 시인 때문에 세상은 비애로 가득하다”라며 “오늘밤도 선창가에 가을비 내릴 게다. 술 취한 마도로스처럼 박호민은 담배를 길게 내뿜으며 누이의 환생 때문에 짠해질 게다”고 평했다.

그래, 박호민 시인이여. 이제는 질질 짜지 말거라. 이 세상에는 눈물만 있는 게 아니다. 외상술에 깜빡 취해 저만치 흐릿한 세상을 바라보면 그 흐릿함 속에도 밝음이 보이지 않던가. 이 세상에 어둠만 있고 낮이 없는 것은 아니지 않은가. 시인 박호민 동무여. 그대는 어둠이라는 그 깊은 구렁텅이에서 들개가 되어 이 세상이란 들판으로 겁나게 뛰쳐나왔다. 그래, 이제는 곧 힘차게 날개를 저으며 새로운 희망을 물어 나르는 저 솔개로 거듭날 일만 남았지 않은가.

■ 이소리 시인

1959년 경남 창원 상남 출생. 1980년 월간 『씨알의 소리』에 「개마고원」 「13월의 바다」 등을 발표하면서 작품활동 시작. 시집으로 『노동의 불꽃으로』 『홀로 빛나는 눈동자』 『바람과 깃발』 등. 장편소설로 『미륵딸』, 산문집으로 『종이학 한 쌍이 깨어날 때까지』 막걸리 백과사전 『막걸리』 등. 현재 한국작가회의 이사, 한국문학평화포럼 대외협력위원장, 일간문예뉴스 〈문학in〉 대표 및 편집인.